Los indígenas de las Llanuras

Sobrevivir en la gran extensión

Jennifer Prior, Ph.D.

Asesores

Katie Blomquist, Ed.S.
Escuelas Públicas del Condado de Fairfax

Nicholas Baker, Ed.D.
Supervisor de currículo e instrucción
Distrito Escolar Colonial, DE

Vanessa Ann Gunther, Ph.D.
Departamento de Historia
Universidad Chapman

Créditos de publicación

Rachelle Cracchiolo, M.S.Ed., *Editora comercial*
Conni Medina, M.A.Ed., *Redactora jefa*
Emily R. Smith, M.A.Ed., *Realizadora de la serie*
Diana Kenney, M.A.Ed., NBCT, *Directora de contenido*
Caroline Gasca, M.S.Ed., *Editora superior*
Johnson Nguyen, *Diseñador multimedia*
Lynette Ordoñez, *Editora*
Sam Morales, M.A., *Editor asociado*
Jill Malcolm, *Diseñadora gráfica básica*

Créditos de imágenes: portada y págs.1, 6, 25 North Wind Picture Archives; págs.2–3, 10–11 WikiArt.org/Dominio público; pág.9 (tendón) cortesía de Wanderingbull.com, (arco) Heritage Image Partnership Ltd/Alamy; pág.11 Vikas Tiwari/Dreamstime.com; págs.12, 13, 15 Granger, NYC; págs.14–15, 26 NativeStock/North Wind Picture Archives; pág.15 Danita Delimont/Alamy; pág.16 LOC [LC-USZ62-12277]; pág.17 (superior) The Protected Art Archive/Alamy, (inferior) PARIS PIERCE/Alamy; pág.18 (superior) Bettman/Getty Images, (inferior) GL Archive/Alamy; pág.19 New York Public Library Digital Collections; pág.20 Maryann Groves/North Wind Picture Archives; pág.21 (superior) Wikimedia Commons/ Dominio público, (inferior) ZUMA Press Inc/Alamy; pág.22 LOC [DIG-ppmsca-09855]; pág.23 Lanmas/Alamy; págs.24–25 DEA Picture Library/Getty Images; pág.27 Lee Foster/ Alamy; pág.32 Wikimedia Commons/Dominio público; todas las demás imágenes cortesía de iStock y/o Shutterstock.

Library of Congress Cataloging-in-Publication Data

Names: Prior, Jennifer Overend, 1963- author.
Title: Los Indígenas de las Llanuras : sobrevivir en la gran extensión /
  Jennifer Prior, Ph.D.
Other titles: American Indians of the plains. Spanish
Description: Huntington Beach : Teacher Created Materials, Inc., [2020] |
  Audience: Grade 4 to 6. | Summary: "The American Indians of the Great
  Plains include nearly 30 tribes. At one time, many of them followed
  buffalo, which they used for food and making homes, clothing, weapons,
  and more. Although their lives changed when white settlers arrived,
  these tribes carry on many of their customs and traditions"-- Provided
  by publisher.
Identifiers: LCCN 2019014749 (print) | LCCN 2019980539 (ebook) | ISBN
  9780743913447 (paperback) | ISBN 9780743913454 (ebook)
Subjects: LCSH: Indians of North America--Great Plains--History--Juvenile
  literature.
Classification: LCC E78.G73 P7518 2020 (print) | LCC E78.G73 (ebook) |
  DDC 978.004/97--dc23
LC record available at https://lccn.loc.gov/2019014749
LC ebook record available at https://lccn.loc.gov/2019980539

Teacher Created Materials
5301 Oceanus Drive
Huntington Beach, CA 92649-1030
www.tcmpub.com

ISBN 978-0-7439-1344-7

Contenido

Los pueblos de las Llanuras

La **región** de las Grandes Llanuras abarca la zona central de Estados Unidos. Se extiende desde Canadá hasta México. Y cubre el área que se encuentra entre el río Misisipi y las Montañas Rocosas. Mucho antes de que esta región formara parte de Estados Unidos, muchas **tribus** de indígenas norteamericanos vivieron y prosperaron en esta vasta extensión.

Esas tribus cazaban búfalos. Muchas de ellas se trasladaban de un lugar a otro siguiendo las **manadas** de búfalos. Recolectaban alimentos de la tierra. Compartían muchas lenguas y prácticas religiosas. Sin embargo, cada tribu tenía algo de **singular**.

En el siglo XIX, los colonos empezaron a trasladarse al Oeste. Muchos se instalaron en las Grandes Llanuras. Esto afectó profundamente a los indígenas de las Llanuras. Su modo de vida cambió para siempre. Aun así, las tribus y sus **culturas** y **costumbres** perduran.

las Grandes Llanuras

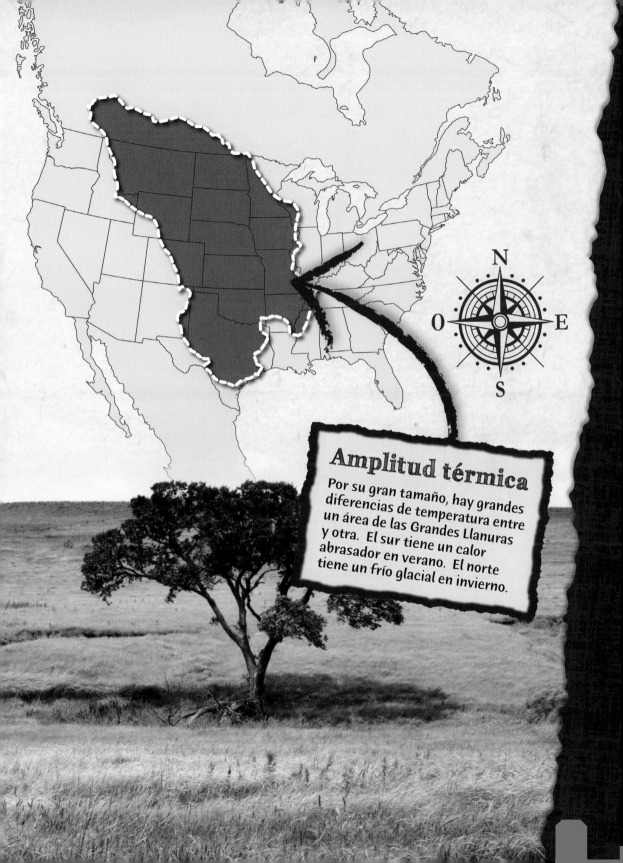

Amplitud térmica

Por su gran tamaño, hay grandes diferencias de temperatura entre un área de las Grandes Llanuras y otra. El sur tiene un calor abrasador en verano. El norte tiene un frío glacial en invierno.

N

O E

S

La caza del búfalo

La vida de muchos indígenas de las Llanuras giraba en torno al búfalo. Las tribus tenían que ser muy astutas para cazar a esos animales, que eran enormes pero muy rápidos. Antes de que tuvieran caballos, los indígenas engañaban a los búfalos. A veces, los perseguían hasta un precipicio. Otras veces, un guerrero usaba pieles para disfrazarse de otro animal. Eso hacía que algún búfalo curioso se separara de la manada. Entonces, otros guerreros lo atacaban con lanzas y flechas. Se necesitaban muchas personas para derribar a un búfalo.

¿Bisonte o búfalo?

Las palabras *bisonte* y *búfalo* a menudo se confunden. El búfalo vive en África y Asia. Pero se parece al bisonte. Cuando los exploradores vieron a los bisontes, los llamaron búfalos por error. Hoy en día, la palabra *búfalo* puede usarse para describir al bisonte norteamericano.

búfalo de agua asiático

bisonte

Como las manadas de búfalos se trasladan de un lugar a otro, las tribus tenían que seguirlas. Las tribus tenían un estilo de vida **nómada**. Hacían casas que podían llevar al lugar que fueran. Un **tipi** hecho con postes y cuero, o piel, de búfalo era la casa ideal. Les daba cobijo y los protegía del frío. Pero podía desarmarse y llevarse de un lado a otro. Este tipo de casa ayudó a las tribus a seguir a las manadas de búfalos.

tipi

Los indígenas de las Llanuras cazaban búfalos para alimentarse. Incluso comían el cerebro, el corazón, los riñones y el hígado del animal. Pero usaban el búfalo para mucho más que para alimentarse. Usaban partes del búfalo para fabricar herramientas y ropa, y para construir sus casas. Aprovechaban todo lo que podían.

La piel de un búfalo es muy gruesa, entonces se la usaba para hacer tipis y ropa. Para que la piel fuera más resistente, se curtía.

piel curtida y pintada

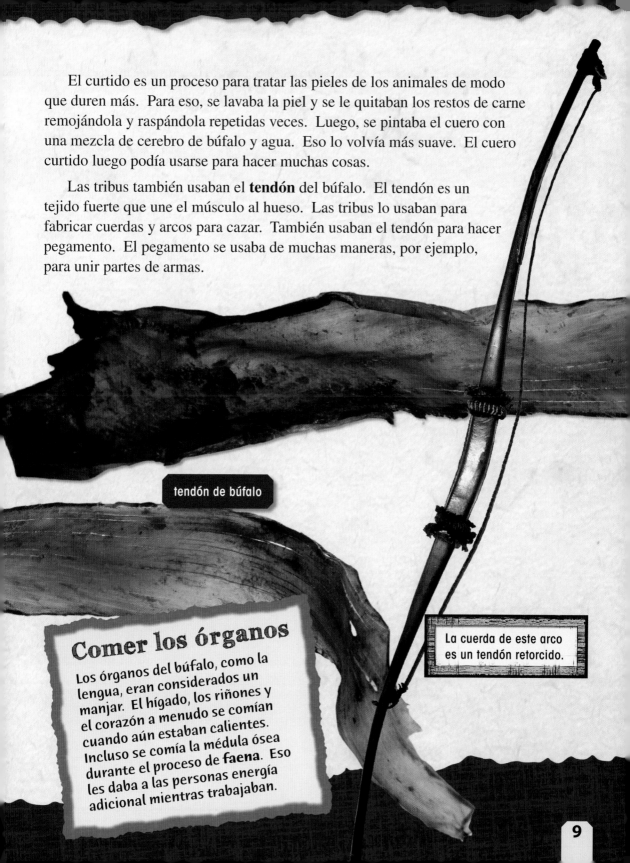

El curtido es un proceso para tratar las pieles de los animales de modo que duren más. Para eso, se lavaba la piel y se le quitaban los restos de carne remojándola y raspándola repetidas veces. Luego, se pintaba el cuero con una mezcla de cerebro de búfalo y agua. Eso lo volvía más suave. El cuero curtido luego podía usarse para hacer muchas cosas.

Las tribus también usaban el **tendón** del búfalo. El tendón es un tejido fuerte que une el músculo al hueso. Las tribus lo usaban para fabricar cuerdas y arcos para cazar. También usaban el tendón para hacer pegamento. El pegamento se usaba de muchas maneras, por ejemplo, para unir partes de armas.

tendón de búfalo

Comer los órganos

Los órganos del búfalo, como la lengua, eran considerados un manjar. El hígado, los riñones y el corazón a menudo se comían cuando aún estaban calientes. Incluso se comía la médula ósea durante el proceso de **faena**. Eso les daba a las personas energía adicional mientras trabajaban.

La cuerda de este arco es un tendón retorcido.

¡Los indígenas de las Llanuras usaban hasta los excrementos del búfalo! Como los búfalos comen pasto, su excremento es básicamente un manojo de pasto maloliente. Este excremento, o estiércol, se quema fácilmente. En las Grandes Llanuras, la madera era escasa. Por lo tanto, las tribus usaban el estiércol de búfalo para encender el fuego para cocinar. Lo usaban también para encender fogatas en las **ceremonias** y para hacer medicamentos. Y también usaban pilas de estiércol como puntos de referencia.

Indígenas mandanes hacen la danza del búfalo.

Como los búfalos se usaban para tantas cosas, los indígenas de las Llanuras siempre estaban buscándolos. Esperaban que la naturaleza los guiara hacia las manadas. La tribu comanche creía que los lagartos cornudos podían ayudarlos. Los cazadores les preguntaban dónde estaban los búfalos. Creían que los lagartos cornudos correrían hacia los búfalos. También pensaban que los cuervos daban cuatro vueltas al campamento y luego volaban en dirección a la manada de búfalos. Algunas tribus hacían ceremonias para atraer a los búfalos.

cuervo

lagarto cornudo

cesta con estiércol de búfalo

Las culturas de las Llanuras

La religión cumple un papel muy importante en muchas culturas de los indígenas de las Llanuras. Los indígenas de las Llanuras creen en un dios que recibe diferentes nombres. Entre esos nombres, están el Gran Espíritu, el Gran Padre y el Hombre de Arriba. La mayoría cree que su dios es una fuerza que impulsa todo. Creen que cada animal, planta, nube, roca y fenómeno meteorológico tiene un espíritu que proviene del Gran Espíritu. Este tipo de religión se llama **animismo**. Es la creencia de que todo tiene vida y un alma.

Este es un altar religioso en una casa de la tribu de los pies negros donde se celebraba la danza del sol.

La danza del sol era un ritual que practicaban muchas tribus de las Llanuras. Esta ceremonia duraba varios días. El propósito era pedir a su dios que les diera fuerza. Rezaban para que la tribu fuera próspera. Durante la ceremonia, bailaban en círculo. No comían ni bebían. Algunos se lastimaban a propósito. Se perforaban el pecho. Incluso se sacaban algo de piel. Creían que el dolor era una manera de honrar a su dios. Las tribus de las Llanuras no realizan esas prácticas en la actualidad. Sin embargo, encontraron maneras de recordar sus antiguas **tradiciones**.

danza del sol

El arte es una parte de la cultura de las Llanuras que ha superado la prueba del tiempo. Las tribus de las Llanuras pintaban los tipis, la ropa y los caballos. Incluso se pintaban el cuerpo. La obra artística de cada tribu de las Llanuras no era exactamente igual a la de las otras. Muchas tribus usaban el arte con fines religiosos. También pintaban cosas que eran importantes para ellas. Por lo tanto, no sorprende que muchas pinturas incluyan al búfalo.

Las tribus del norte hacían **mocasines**, cestas y joyas. También tejían con púas de puercoespín. Primero, ablandaban las púas. Usaban tinturas hechas con jugo de bayas para colorearlas. Luego, las tejían en un trozo de cuero. Las púas se usaban también para hacer **bordados**.

cuero de búfalo pintado

Muchas tribus pintaban para registrar escenas de la vida diaria. Una pintura era como un álbum de recortes. Las pinturas de los sucesos memorables se hacían sobre cueros de animales.

Muchas obras de arte de las tribus de las Llanuras fueron preservadas, o recuperadas. Los miembros de estas tribus siguen haciendo arte tradicional.

artesanía tradicional lakota con cuentas

pintura cheyene

Flotar en el espacio

En el arte de las Llanuras, las personas y los animales a menudo parecen flotar en el espacio. No se los muestra con los pies apoyados en el suelo. Algunos dicen que eso indica que el mundo entero era su hogar. Otros piensan que eso muestra el mundo espiritual.

Las tribus de las Llanuras

Las tribus de las Llanuras son muy diferentes entre sí. Sus culturas son tan especiales como los numerosos pueblos que habitaban las Grandes Llanuras. Cada tribu tenía costumbres y un modo de vida propios.

Los lakotas

Como muchas otras tribus de las Llanuras, los lakotas cazaban búfalos. Sus jefes comandaban la guerra, practicaban la medicina y establecían las reglas de la tribu. También tenían consejos tribales que ayudaban a los jefes en el gobierno.

El jefe lakota Toro Sentado unificó varias tribus cuando Estados Unidos se apoderó de sus tierras.

mujer cheyene

Los cheyenes

Los cheyenes no dependían tanto del búfalo como otras tribus. Comían principalmente pescado. Como no se trasladaban de un lado a otro para cazar, construían viviendas permanentes. Más tarde, comenzaron a cazar más. Con el tiempo, adoptaron un modo de vida nómada para seguir a los animales que cazaban.

jefe comanche

Los comanches

La tribu de los comanches se dividía en diferentes grupos llamados *bandas*. Si bien las bandas pertenecían a la misma tribu, eran independientes. Los comanches tenían prácticas diferentes a las de muchas otras tribus de las Llanuras. No tenían un jefe común. En cambio, cada banda de comanches tenía su propio jefe. No participaban en ceremonias religiosas grupales.

Los pawnees

Los pawnees eran cazadores y agricultores. Plantaban cultivos en primavera basándose en la posición de las estrellas. Creían que eso les daría una buena cosecha. En verano dejaban sus hogares para ir a cazar. Regresaban en otoño para la cosecha. Las mujeres hacían gran parte del trabajo, mientras que las abuelas criaban a los niños y cocinaban. Los hombres eran cazadores y **curanderos**. Tanto las mujeres como los hombres podían ser guerreros.

hombre pawnee

hombre osage

Los osages

Los osages eran nómadas durante una parte del año. Cuando estaban lejos de su hogar, los hombres cazaban y las mujeres faenaban los animales. Las mujeres también eran **recolectoras**. Juntaban plantas para alimentarse. Los hombres se afeitaban los lados de la cabeza y usaban taparrabos de piel de venado que se ataban alrededor de la cadera.

Los omahas

Los omahas se trasladaron al oeste desde el valle del río Ohio hasta las Grandes Llanuras. Adoptaron un estilo de vida nómada. Eran cazadores y también agricultores. Antes de instalarse en las Grandes Llanuras, hacían sus casas con corteza de árbol. Más tarde, adoptaron la idea de vivir en tipis de los lakotas. A menudo los hombres tenían más de una esposa. Vivían en la misma región que la tribu pawnee, que los protegía.

mujer omaha

¿Alguien quiere maíz?

El maíz tenía muchos usos y era una fuente de alimento confiable para los indígenas de las Llanuras. Se podía almacenar fácilmente bajo tierra en espacios que se cubrían con pasto. El pasto ayudaba a mantener seco el maíz y así era menos probable que se echara a perder.

Los crows

Al igual que muchas otras tribus de las Llanuras, los hombres crows cazaban. Las mujeres recolectaban los alimentos. También tenían roles de liderazgo importantes. Las personas escuchaban los consejos de las mujeres, y algunas de ellas eran jefas. Las mujeres también armaban los tipis, cocinaban y criaban a los niños.

jefe crow

Algo en común

Una cosa que es común a todas las tribus de las Llanuras es que su vida cambió cuando llegaron los colonos europeos. Los europeos llevaron el caballo a la región. A medida que las tribus hallaban o capturaban caballos, sus culturas comenzaron a cambiar. Aprendieron a montar y a cazar a caballo. Eso facilitó la caza del búfalo. Y les permitió viajar más lejos. También permitió que las tribus se vieran más seguido. Incluso algunas tribus se unieron a otras tribus más grandes. Con los caballos, las tribus podían reunirse en el verano. Cuando se reunían, contaban historias. También realizaban ceremonias.

Pero muy pronto más colonos empezaron a instalarse en las Grandes Llanuras. El efecto fue devastador para las tribus de las Llanuras.

Lenguaje de señas

Cuando las tribus se encontraban, a menudo era difícil comunicarse. Entonces, crearon el lenguaje de señas de los indígenas de las Llanuras. Este lenguaje silencioso usa gestos en lugar de palabras. Permitía que muchas tribus se pudieran comunicar.

Un estudiante practica el lenguaje de señas de los indígenas de las Llanuras en un *powwow* en 2010.

El conflicto con los colonos

Durante el siglo XIX, los colonos estadounidenses comenzaron a trasladarse al Oeste. Fue una época que se conoció como expansión hacia el Oeste. Muchos comenzaron a establecerse en las Grandes Llanuras. Se adentraron más y más en los territorios de las tribus. Algunas tribus fueron amables con los colonos. Otras querían que se fueran.

El destino manifiesto

Durante el siglo XIX, los estadounidenses pensaban que estaban destinados a trasladarse hacia el Oeste. Imaginaban un país que abarcara desde el Atlántico hasta el Pacífico. Esa idea se conoció como "destino manifiesto".

Esta pintura muestra a los estadounidenses llevando su cultura hacia el Oeste.

Estadounidenses cazan búfalos desde un tren.

A medida que aumentaba la cantidad de colonos en la región, la población de búfalos disminuía. Los colonos mataban a los búfalos por su piel y su carne. Algunos colonos los mataban por deporte. Pero los colonos no dependían del búfalo como los indígenas de las Llanuras, ni los valoraban de la misma manera.

Entre 1872 y 1875, se mataron nueve millones de búfalos. Eso complicó la vida de muchas tribus de las Llanuras. El animal que proveía tantas cosas a esas tribus estaba desapareciendo. Sin búfalos, muchas tribus no tenían para comer. No tenían pieles para vestirse o para refugiarse. Y no tenían materiales para fabricar armas. El modo de vida de los indígenas de las Llanuras cambió para siempre. Y más cambios llegarían.

En la década de 1860, el gobierno de Estados Unidos decidió trasladar a las tribus. Las instalaron en áreas llamadas **reservas**. Eran terrenos pequeños donde las tribus debían quedarse. Ya no podrían tener un estilo de vida nómada. Y las reservas a menudo no contaban con alimentos suficientes.

Muchas de las tribus de las Llanuras se resistieron. Algunas abandonaron las reservas. Otras se negaron a dejar sus tierras. Algunas lucharon contra los soldados estadounidenses. Las tribus ganaron algunas de las batallas. Mataron a muchos soldados estadounidenses. Pero, tras cada victoria de las tribus, llegaban más soldados. Pronto las tribus fueron superadas en número. Los indígenas de las Llanuras no tuvieron más opción que vivir en las reservas.

La vida que los indígenas de las Llanuras habían conocido por cientos de años había desaparecido. Las manadas de búfalos habían sido prácticamente aniquiladas. Y los habían obligado a vivir en reservas. Fue difícil para las tribus adaptarse a su nueva vida.

Una tropa estadounidense ataca a cheyenes en 1868.

Asesinos silenciosos

Los colonos llevaban consigo nuevos tipos de enfermedades. La viruela era una de las más contagiosas. Podía arrasar casi una aldea entera en pocos días.

Los pueblos de las Llanuras hoy

La historia de estas grandes tribus no termina en tragedia. Muchas de las tribus existen hoy en día. La vida cambió para ellas, pero las tribus siguen fuertes. Las reservas existen todavía, pero los indígenas no están obligados a vivir allí. Algunos deciden seguir viviendo allí para mantener el contacto con sus tribus. Votan a los líderes para que hagan leyes para ellos. Otros mantienen viva su cultura, pero viven en otros lugares. Los miembros de las tribus se reúnen a menudo para celebrar ocasiones especiales y realizar ceremonias.

Los miembros de las tribus pueden ser maestros, constructores o banqueros. Son escritores y dueños de tiendas. Trabajan como agricultores o profesores. Su arte se exhibe en galerías y museos. Transmiten sus costumbres, creencias y lenguas. Muchos trabajan para enseñar a otros su historia y sus tradiciones. Así mantienen viva la historia y la cultura de las tribus de las Llanuras.

Este centro cultural lakota se encuentra en una reserva en Dakota del Sur.

Unos indígenas bailan en un *powwow* en Wyoming.

¡Infórmalo!

Selecciona un tema de este libro. Investiga sobre ese tema. Podrías investigar sobre la vida del pueblo comanche. O sobre los múltiples usos que las tribus le daban al búfalo. Elige un tema que te interese.

Luego, usa lo que hallaste para escribir y presentar una noticia sobre tu tema. Compártela con tus amigos. Haz de cuenta que tu historia es una primicia. Mantén el interés de tu audiencia hablando con voz expresiva. Y asegúrate de hacer contacto visual. ¡Hasta podrías vestirte como un presentador de noticias y grabar tu informe en video!

Glosario

animismo: la creencia de que las plantas, los animales y los objetos tienen espíritu

bordados: diseños cosidos a una tela

ceremonias: actividades que se realizan siguiendo una tradición o una costumbre

costumbres: conductas o acciones tradicionales de un grupo de personas

culturas: creencias y estilos de vida de diferentes grupos de personas

curanderos: personas de las culturas indígenas que, según se cree, tienen el poder de curar enfermedades y alejar los espíritus malignos

faena: el proceso de cortar la carne de un animal

manadas: grupos de animales que viven juntos

mocasines: zapatos sin tacón hechos de cuero blando

nómada: que no vive en un lugar fijo; que se traslada en busca de alimento

recolectoras: personas que buscan alimento en la tierra

región: una parte de un área que es de algún modo diferente de otras

reservas: territorios en Estados Unidos que se apartan para que vivan los indígenas

singular: diferente de los demás

tendón: un tejido resistente que conecta el músculo con el hueso

tipi: una tienda en forma de cono que algunos indígenas norteamericanos usaban como vivienda

tradiciones: modos de pensar o de hacer algo que un grupo en particular ha puesto en práctica durante mucho tiempo

tribus: grupos de personas que hablan el mismo idioma y comparten costumbres y creencias

Índice

¡Tu turno!

El caballo llega al continente americano

En esta pintura, se muestra a un guerrero indígena norteamericano montando a caballo. ¿De qué modo los caballos cambiaron la vida de los indígenas de las Llanuras? ¿Crees que el impacto fue mayormente positivo o negativo? Escribe algunas oraciones para explicar tu razonamiento.